DIE BAUERN VON SOLENTINAME
MALEN DAS EVANGELIUM

Mit Meditationen von Helmut Frenz

DIE BAUERN VON SOLENTINAME MALEN DAS EVANGELIUM

Mit Meditationen von Helmut Frenz

Burckhardthaus-Verlag
Jugenddienst-Verlag

CIP-Kurztitelaufnahme der Deutschen Bibliothek

Die Bauern von Solentiname malen das Evangelium
Mit Meditationen von Helmut Frenz.
Gelnhausen; Berlin:
Burckhardthaus-Laetare Verlag, 1982.
ISBN: 3-7664-9145-8
NE: Frenz, Helmut [Mitverf.]

Gestaltung und Gesamtherstellung: Contzen, Lünen
ISBN: 3-7664-9145-8

Zur Entstehung dieses Buches

Im Sommer 1981 überdachten wir mit Fernando Cardenal in Hamburg in einem kleinen Hotel die Ereignisse des Kirchentages, vor allem den Meditationsnachmittag zum Thema Lateinamerika unter dem Motto „Verzweiflung und Hoffnung". Hier war das Leiden der Völker Lateinamerikas zur Sprache gekommen — und die unbeirrte Hoffnung der Menschen dieses Kontinents.

Etwas von dieser Hoffnung der Lateinamerikaner kennen hunderttausende aus den Gottesdienstaufzeichnungen der Bauern von den Solentiname-Inseln im Großen See von Nicaragua. Auch über sie sprachen wir, und über die Arbeit von Fernandos Bruder, Ernesto Cardenal, von der wunderbaren Kultur der einfachen Menschen, ihren Öl-Bildern, ihren Gedichten, ihrem Humor.

An diesem Abend entstand der Gedanke, diese Bauern zu bitten, Bilder zum Leben Jesu zu malen und Fernando versprach, den Plan mit seinem Bruder zu besprechen. Wenige Wochen später rief uns Ernesto aus Managua an. Er war gerade von Solentiname zurückgekehrt und hatte mit den Malern seiner Gemeinde gesprochen. Sie waren sogleich einverstanden und hatten lebhaft die Auswahl der Themen diskutiert. Wir vereinbarten einen Termin für die Fertigstellung.

Die Bauern von Solentiname sind arm. Deshalb haben wir mit der katholischen Landjugendbewegung in Paderborn, die sich schon früher für den Wiederaufbau Solentinames engagiert hatte, gesprochen und sie haben den Kaufpreis der Bilder gezahlt. Die Originale kamen nach Deutschland. Sie sollen in Ausstellungen gezeigt werden und eine noch bessere Verbindung schaffen zu den Menschen im fernen Zentralamerika. Später wollen wir sie dann nach Nicaragua zurückschicken, denn sie sind Teil der Volkskultur Nicaraguas, in der Religion und christlicher Glaube so tief verwurzelt sind.

Das Buch aber wird uns bleiben, als eine ständige Erinnerung an die Hoffnung Lateinamerikas auf Befreiung — und zu unserer Freude.

Burckhardthaus-Verlag
Jugenddienst-Verlag

Die Magd des Herrn

Maria, „die Magd des Herrn", steht hier nicht in der Nische der Frommen, wo sie als Symbol der unterwürfigen Frau sich demutsvoll in das Schicksal einer ungewollten Schwangerschaft fügt. In ihrem Alltag an der Singernähmaschine wird ihr von einem Boten Gottes die Geburt ihres Sohnes Jesus angekündigt, „der wird mächtig und ein Sohn des Allmächtigen sein, und er wird auf dem Thron König Davids sitzen".

Beim Lesen der biblischen Texte und vor allem beim Hören ihres Lobgesanges wird mir deutlich, wie selbstlos Maria empfindet. Sie erwartet „Großes und Barmherzigkeit" für ihr Volk. Sie träumt nicht von Mutterglück und Familienidylle; vielmehr stimmt die Frau aus dem Volk einen Kampfgesang an, aus dem die Sehnsucht nach Barmherzigkeit und Gerechtigkeit für kommende Generationen spricht.

Die Botschaft an Maria: „Du wirst einen Sohn gebären und der soll stark sein und auf dem Thron Davids sitzen!" kann eine schwangere Landarbeiterin in Nicaragua eigentlich nur so verstehen:

Wenn es ein Sohn wird, dann wird er Guerillero sein. Er übt Macht aus mit seinem Arm und zerstreut die erbarmungslosen Großgrundbesitzer. Er stößt Somoza vom Thron und bringt den Campesinos Gerechtigkeit. Den Hungrigen gibt er Mais, Bohnen und Milch; die Reichen aber läßt er leer ausgehen. Barmherzigkeit bestimmt sein Handeln, und er dient seinem Volk, wie es bereits durch die Väter, durch Sandino und Fonseca, die Vorkämpfer der Befreiung, angekündigt wurde.

Und weil Maria an der Nähmaschine so gefährlich ist, haben die Mächtigen sie auf einen Sockel gestellt, ihr Nadel und Faden genommen und sie in die fromme Nische abgeschoben.

Du wirst ein Kind empfangen,
einen Sohn wirst du gebären;
dem sollst du den Namen Jesus geben.

nach Luk 1,31

Nicaraguanisches Magnificat

Und Maria sang:
Meine Seele erhebt den Herren,
und mein Mut frohlocket
über Gott, meinen Erretter,
weil er die Armut seiner Magd nicht verachtet hat.
Ab heute werden mich alle Menschen glücklich preisen.
Wunderbares hat der Allmächtige durch mich getan.
Heilig ist sein Name. Seine Barmherzigkeit gilt allen,
wenn sie ihm Ehrfurcht erweisen.
Sein starker Arm vollbringt es.
Er verjagt, die erbarmungslos sind,
und die Machthaber stößt er von ihren Thronen.
Die Gedemütigten richtet er wieder auf.
Den Hungrigen gibt er Brot,
und die Reichen enteignet er.
Er hat sich an die Spitze seines Volkes gesetzt,
eingedenk seiner Zusage an frühere Generationen,
an Abraham, an Sandino, an Farabundo Martí;
und das gilt für alle Zukunft.

Gesegnet bist du unter den Frauen,
und gesegnet ist die Frucht deines Leibes.

nach Luk 1,42

Der Gott der Armen

Und so sprechen die Bauern von Solentiname über Christi Geburt:

„Arme gibt es überall. Jesus kam, um das Schicksal der Armen zu teilen. Josef und Maria wurden in der Herberge zurückgewiesen, weil sie arm waren. Wenn sie reich gewesen wären, hätte man sie bestimmt gut aufgenommen."

„Gott wollte, daß sein Sohn in einem Stall geboren wurde. Er wollte, daß sein Sohn zu den Armen gehört, nicht? Wenn Gott gewollt hätte, daß sein Sohn von einer reichen Dame geboren würde, dann hätte diese Dame ihr Zimmer in dem Hotel schon bestellt gehabt, vor allem in ihrem Zustand."

„Ich sehe hier die Demut Gottes. Denn Jesus war sein Sohn, und Maria brachte ihn wie irgendeine Heimatlose zur Welt. Und Jesus wollte die Welt von solchen Ungerechtigkeiten, die heute noch immer weiter bestehen, befreien. Er kam auch, uns zu befreien, damit wir gemeinsam gegen diese Ungerechtigkeiten kämpfen ... Denn wir leben immer noch so, immer mit dem Fuß eines Reichen auf dem Genick. Wie sehen uns die Reichen denn an? Von oben herab. Darum müssen wir uns zusammenschließen, wir müssen alle wie ein einziger Revolutionär sein. Wie Christus... Obwohl er doch Gottes Sohn war, identifizierte er sich mit den Armen. Er kam aus dem Himmel, um zu den Armen zu gehören, und obendrein gab er sein Leben für uns. Ich versteh das so, daß wir alle für unseren Nächsten kämpfen müssen. Wie er. Uns zusammenschließen, nicht feige sein. So wird es keinen mehr ohne Wohnung geben; und keiner wird mehr von den Reichen gedemütigt."

„Ich meine, mit diesem Weihnachtsevangelium darf sich kein Armer mehr selbst gering schätzen. Ich glaube ein Armer ist viel wichtiger als ein Reicher. Christus hält zu uns, zu den Armen. Ich glaube, für Gott sind wir viel wichtiger. Für die Reichen nicht, für die sind wir nur gut, um für sie zu arbeiten."

„Hier sehen wir, wie die Reichen auch Gottes Sohn behandelten. Nicht einmal ein Feldbett oder eine Hängematte gaben sie ihm zum Schlafen."

Aus dem Evangelium der Bauern von Solentiname

… und legten ihn in eine Krippe,
denn sie hatten sonst keinen Raum.

nach Luk 2,7

… so nahe an Jesus wie die Hirten

Ernesto Cardenal: „Warum erhielten gerade die Hirten die Nachricht?“

Felipe: „Der Engel kam zu ihnen, weil sie arbeiten, und ich finde, das ist eine große Sache für uns. Denn sie waren arm und mußten nachts arbeiten, sie hüteten die Schafe, so wie wir hier die Kühe versorgen. Es waren Arbeiter, arme Leute. Der Engel hätte auch zum König gehen können und sagen: „Der Retter ist geboren!“ Aber er ging nicht zum König, sondern zu den Arbeitern. Das heißt, diese Botschaft ist nicht für die großen Leute, sondern für die Masse, das heißt für alle Armen und Unterdrückten.“

Felix: „Der Engel erklärt ihnen, daß er für sie gekommen ist. Ich glaube, sie waren so etwas wie Sklaven, und als sie hörten, daß ein Heiland oder ein Befreier für sie kommen sollte, da freuten sie sich. Sie wußten, daß diese Geburt sie von der Sklaverei befreien sollte. Ein Befreier für alle Sklaven! Er kam, um alle Sklaven zu befreien, alle Armen, nicht nur die in der damaligen Zeit, nein, auch die von heute. Darum mußte die Nachricht von seiner Geburt den Armen gebracht werden. Und heute ist es genauso: Die Botschaft, das Wort Gottes, wird mehr von den Armen gehört als von den Reichen. Ich glaube, es liegt gerade an der Armut der Armen, daß sie das Wort Gottes eher hören als die Reichen. Viele reiche Leute gehen sonntags in die Kirche, aber ohne das Wort Gottes richtig zu hören. Sie gehen in die Kirche aus Gewohnheit, oder sie gehen überhaupt nicht.“

Laureano: „Die Botschaft kennen wir schon lange. Aber jetzt müssen wir daran arbeiten und zusehen, wie wir uns befreien. Denn die Befreiung geschieht durch den Menschen.“

Julio: „Ich glaube, die meisten wissen davon, sie haben bloß Angst. Sie trauen sich nicht, so nahe an Jesus heranzukommen wie die Hirten, weil sie Angst haben.“

Aus dem Evangelium der Bauern von Solentiname

Das habt zum Zeichen:
Ihr findet das Kind in einer Krippe liegen.

nach Luk 2,12

Der neugeborene König

Tomaś: „Sie kommen an und packen ihre Geschenke aus: etwas Parfüm und ein paar Sachen aus Gold. Das scheinen keine großen Geschenke gewesen zu sein. Denn diese Ausländer hätten ihm sicher einen ganzen Sack voll Gold, einen Haufen Geld oder Scheine oder was sie damals hatten, mitbringen können. Aber sie brachten ganz bescheidene Geschenke. So sollen wir auch zur Krippe gehen: arm, bescheiden, so wie wir sind. Das glaube ich wenigstens."

Olivia: „Wegen dieser Geschenke der Weisen aus dem Morgenland schenken die Reichen sich heute etwas zu Weihnachten. Aber sie schenken sich nur etwas unter sich."

Marcelino: „In den Städten sind die Geschäfte voller Weihnachtsgeschenke um diese Zeit; sie verdienen viel Geld. Aber das ist nicht das Fest des Jesuskindes. Das ist eher das Fest eines Herodes-Kindes."

Tomás: „Die Weisen kehrten auf einem anderen Weg zurück. Jesus erleuchtete sie, damit sie Herodes nichts von ihm sagten. Schon als Kind war er ein Verfolgter. Er gab ihnen ein, daß sie lieber auf einem anderen Weg zurückkehren sollten. Damit verteidigen sie ihn schon vor seinen Feinden."

Felipe: „Auch sie selbst waren Verfolgte. Dieser andere Weg war wie eine Flucht. Ich glaube, wenn sie in die Hauptstadt zurückgegangen wären, hätte Herodes sie umbringen lassen."

Alejandro: „Der Befreier wurde in einem Regime voller Unterdrückung und Verfolgung geboren, und alle, die ihn sehen, werden automatisch auch zu Verfolgten."

Chael: „Diese Weisen fanden etwas, womit sie nicht gerechnet hatten: der Befreier war ein armes Kind, das außerdem noch von den Mächtigen verfolgt wurde."

Laureano: „Die es verfolgten, das waren die, die an der Macht saßen. Und weil dieser Mensch alles verändern wollte, alles gleichmachen, die Armen befreien und den Mächtigen ihre Privilegien wegnehmen ... also da war es logisch, daß sie ihn verfolgten und töten wollten."

Aus dem Evangelium der Bauern von Solentiname

... und sie fielen nieder,
beteten an und taten ihre Schätze auf.

nach Mt 2,11

Befreiung im Schutze des Urwalds

Wie ein fester Schutzwall steht der Wald Mittelamerikas um die Menschen auf der Flucht. Dieser kleine Flüchtlingstreck, bestehend aus Mutter und Kind auf einem Maultier, dem Vater mit dem Bündel Habe und dem vorangehenden Hund, symbolisiert das Schicksal ganzer Völker. Gleichzeitig begreife ich, daß Gott gerade mit diesen Menschen zieht. Dieses Bild strahlt Frieden aus und kein Flüchtlingselend. Woran liegt das? Der dunkle Hintergrund des Waldes wirkt nicht bedrohend; im Gegenteil, er ist ein Ausdruck der Geborgenheit unter Gottes schützender Hand.

Mir sagte ein Campesino aus der befreiten Provinz Chalatenango: Die bewaldeten Berge El Salvadors sind unser Zuhause. Hier kennen wir jeden Weg und jeden Steg. Zu Fuß wagt sich die Nationalgarde nicht in unser Gebiet. Deshalb kommen sie nur noch mit den Hubschraubern und schießen von oben und werfen Bomben.

Menschen auf der Flucht ziehen fast immer ins Leere. Sie haben kein eigentliches Ziel. Die treibende Kraft sind die Verfolger. Auf diesem Bild sind die Verfolger abgeschüttelt. Der schützende Wald hat sich dazwischen gestellt. Hier fühlen die Fliehenden sich sicher. Die hell leuchtenden Blumen bringen Licht in die Dunkelheit. Die bunten Vögel und der Schmetterling bringen den Frieden zum Ausdruck. Hier auf dem Lande leben die Campesinos; von ihnen werden sie aufgenommen. Sie teilen alles mit den Flüchtlingen, die genauso dem Volke entstammen wie sie: Hütte und Feuerstelle, Tortillas und Bohnen, Hängematte und Transistorradio. Letzteres ist lebensnotwendig, denn der Befreiungssender Radio Venceremos gibt den Standort der Nationalgarde und ihre Marschroute an. So sind sie gewarnt.

Ein Gedanke macht mir Angst: Was wird geschehen, wenn sie mit chemischen Kampfmitteln den schützenden Wald zu entlauben versuchen? Es wäre ja nicht das erste Mal.

Nimm das Kind und seine Mutter und fliehe.

nach Mt 2,13

Aktion Herodes 81

Für die Menschen in Lateinamerika trägt Herodes heute viele Namen: Pinochet, Videla, Strößner. In Nicaragua hieß er Somoza; in El Salvador kennt man ihn unter dem Namen D'Abuisson, García, Atlacatl; in Honduras macht Herodes sich bekannt unter dem Firmenschild „United Fruit Co.“, während er sich in Guatemala mit einem Militärputsch als Efraim Rios Montt einführt. Uniformen tragen sie fast alle. Unmenschlich wie Herodes sind sie allemal. Ihre Soldaten sind bekannt unter dem anspruchsvollen Namen „Schutz der Nation“ — Guardia Nacional. Ausgebildet wurden die Soldaten des Herodes in den Vereinigten Staaten von Amerika, in Westpoint, am Panama-Kanal, und ihre Waffen werden von deutschen Arbeitern am Fließband hergestellt. Und es ist auch nicht auszuschließen, daß die Anführer der Herodianer an einer militärischen Führungsakademie in der Bundesrepublik Deutschland ausgebildet werden.

Ein junge Frau, die beim Massaker des Militärs am Rio Lempa, an der Grenze zwischen El Salvador und Honduras, dabei gewesen ist, berichtete mir weinend: Sie töteten alle, auch die schwangeren Frauen.

Für sie klingt das Evangelium nach Matthäus heute so: „Als die Militärjunta sah, daß sie nichts erreichen konnte, da packte sie die Wut, und sie setzte die Nationalgarde in Marsch und ließ am Rio Lempa und im ganzen Gebiet von Morazán die Bevölkerung töten, auch die noch nicht einmal Zweijährigen, sogar die Ungeborenen. Da wurde erfüllt, was der Profet gesagt hatte: Stimmen hört man in Morazán, viel Weinen und Jammern an den Flüssen Sumpul und Lempa. Rosa und Marta weinen um ihre Kinder und wollen sich nicht trösten lassen, weil sie nicht mehr sind.“

Herodes wurde zornig
und ließ im ganzen Gebiet alle Jungen
töten.

nach Mt 2,16

Gott unter dem Wellblechdach

Wo wir ihn auch antreffen, Jesus von Nazareth gehört in jedem Falle zu ihnen, zu den Armen. Er ist vollkommen mithineingenommen in das alltägliche Leben der Campesinos. Er ist einer der Ihren, der nicht irgendwann einmal gelebt hat und an den man sich heute nur noch erinnern kann. Im Volk Mittelamerikas ist Jesus wirklich lebendig. Deshalb haben die Menschen auch unmittelbaren Zugang zu ihm und verstehen ihn. Das bedeutet gleichzeitig, daß die einfachen Menschen auf dem Lande, die Campesinos, gar nicht mehr so sehr auf die Auslegung und Predigt der Amtskirche angewiesen sind, die ihnen Jahrhunderte lang ein bürgerliches Evangelium von Ordnung und Unterordnung, von Arbeit hier und jetzt, Lohn aber später und irgendwann gepredigt hat. Von der Amtskirche wurde ihnen — und wird meistens auch heute noch — ein entrückter Jesus vorgeführt, der weitab hinter den Wolken im Himmel thront, von wo aus er mit Argusaugen alles beobachtet und die Menschen nach dem Maß von gut und böse belohnt und straft.

Nun aber entdecken die Campesinos ihn mitten im Volk, mitten unter sich. Und sie erfahren, daß er gar nicht Fügung in ein unabänderliches Schicksal der Armut mit Jenseitsvertröstung fordert. Das Gleichnis vom verlorenen Sohn, muß hier befreiend wirken, denn es macht deutlich, daß Strafe gar nicht sein muß, und daß Vergebung etwas anderes als Belohnung ist.

Was für die angesehene bürgerliche Gesellschaft ein Ärgernis sein müßte, wird für die von der Gesellschaft Verachteten eine gute Nachricht: Jesus hält sich bei ihnen auf. Er ist bei den Gefangenen und Verurteilten; immer bei den Armen und Ausgebeuteten; nie bei den Reichen und Ausbeutern; er ist nicht bei denen, die das Bestehende konservieren wollen, sondern bei denen, die eine menschliche Welt wollen. Er stellt sich auf die Seite der Ohnmächtigen. In den Kirchen läßt er sich kaum sehen; und wenn, dann räumt er dort auf. In Uniform kann man ihn niemals sehen. In die Paläste und Amtsstuben wird er geführt, um als subversives Element verhört, gefoltert und abgeurteilt zu werden.

Zu Hause ist er unter dem Wellblechdach; ein Kind, das bei dem Vater in die Schule geht. Wasserwaage und Winkeleisen, moderne Werkzeuge, zeigen an, daß er hier auch noch heute zu finden ist.

Wisset ihr nicht,
daß ich sein muß in dem,
was meines Vaters ist?

nach Luk 2,49

Jesus — der Sohn Gottes

... „und der Himmel tat sich auf, und eine Stimme sagte: Dies ist mein geliebter Sohn, an dem ich Wohlgefallen gefunden habe.“

Wir wissen, daß dieser Satz aus der damaligen Rechtssprache entlehnt wurde und die Formel war, die bei der Adoption eines Kindes vom Vater gesprochen wurde.

Mit dem Bericht von der Taufe Jesu durch Johannes wird uns mitgeteilt, daß Gott sich ganz zu diesem Jesus von Nazareth bekennt, der dem Ruf Folge leistet: Kehrt um, denn die Herrschaft Gottes ist gegenwärtig! Gott wendet sich den Menschen zu, er identifiziert sich mit den Menschen. Von nun an ist er nicht mehr der Allmächtige im Himmel hinter den Wolken. Der Himmel ist offen, Gott ist menschlich gegenwärtig. Er steht knietief im Wasser und stellt sich einfach zur Verfügung, er ist der Gott der Armen, der Gott der Leidenden, der Gott der Namenlosen, der Gott der Gottlosen.

Das bedeutet auch, daß sich Gott den Besitzansprüchen der Herrschenden entzieht. Das kann sogar heißen, daß sich Gott dem Anspruch einer herrschenden Kirche entzieht. Eine Kirche, die auf der Seite der Herrschenden steht, eine Kirche, die eine mordende Nationalgarde als Ordnungsmacht bezeichnet, eine Kirche, die bei Staatsempfängen den Diktator Somoza umarmt, eine solche Kirche kann sich nicht mehr auf Jesus berufen.

Diese unerhörte Botschaft vom Gott der Armen hat sich schnell ausgebreitet. Der Geist Gottes kommt nicht nur wie eine Taube über Jesus, sondern breitet sich aus auf den Schwingen vieler Tauben, die zielstrebig den Vulkanen Nicaraguas entgegenfliegen.

Kein Zweifel: Der Himmel hat sich geöffnet über Nicaragua, und es muß sich jetzt zeigen, ob das Reich Gottes dort eine Chance erhält. Einige Zeichen sind für mich dort bereits sichtbar geworden.

Der aber nach mir kommt, ist stärker
und wird euch mit dem
Heiligen Geist und mit Feuer taufen.

nach Mt 3,11

Aufgespießte Schmetterlinge an der Wand

Man erkennt ihn kaum, den Diktator, der hier seinen Obristen und Hauptleuten aus Anlaß seines Geburtstages ein Gastmahl gibt. Und weil man so in Stimmung ist, werden auch gerne Wünsche erfüllt. Bei einer solchen Gelegenheit kann ein Diktator erst recht nicht einer tanzenden Dame irgendeinen Wunsch abschlagen: „Ich will, daß du mir gebest jetzt zur Stunde auf einer Schüssel das Haupt Johannes des Täufers!"

Johannes der Täufer war ohnehin ein unbequemer Mann gewesen, der schon viel zu viel zum Volk geredet hatte. „Tut Buße!" Kehrt um, hatte er zu den Menschen gesagt. Das ist gefährlich, das ist subversiv. Denn das könnte die Veränderung der Verhältnisse bedeuten! Johannes der Täufer zeigt einen neuen Weg auf, der zu Gerechtigkeit und Frieden führen soll. Außerdem macht er dem Volk Hoffnung auf einen Nachfolger, der noch stärker und mächtiger sein wird. Und Johannes hatte die Stirn besessen, den Diktator zu kritisieren. Warum soll man da nicht den Wunsch der Tänzerin erfüllen? Menschenkopf — auf einer Schüssel — sofort!

Für die Menschen in Mittelamerika ist ein so grausamer Akt nichts Unbekanntes. Im Gegenteil, er ist Tagesereignis. Der Diktator auf diesem Bild ist gesichtslos. Das hat seinen Grund, denn er trägt unterschiedliche Gesichtszüge, hat viele Namen: Somoza, Lukas García, Duarte, Guillermo García. Aber vielleicht sind auch dies nur Masken, hinter denen sich uns noch viel bekanntere Gesichter verbergen.

Mir fällt bei diesem Bild auf, daß die Campesinos offensichtlich überhaupt keine Vorstellung vom Lebensstil ihrer Unterdrücker und Ausbeuter haben. Für sie muß es ein rauschendes Fest sein, wenn zwei gebratene Hühner auf dem Tisch stehen, drei Flaschen Coca Cola, einige Gläschen Wein und Milch auf einem Plastiktischtuch serviert werden.

Doch wie verhielten sie sich, wenn sie die Wirklichkeit in den Luxusvillen am Strand von Miami kennen würden?

Gib mir her
auf einer Schüssel das Haupt Johannes
des Täufers!

nach Mt 14,8

Menschenfischer

,,Fürchte dich nicht! Denn von nun an wirst du Menschen fangen. Und sie führten die Boote zu Lande und verließen alles und folgten ihm nach.''

Auf Menschenfang sind heute mehr als je zuvor sehr viele aus. Stimmenfang und Bauernfängerei, wie sie von Politikern, Geschäftemachern und auch religiösen Funktionären bis auf den Tag betrieben werden, sind jedoch ausgeschlossen, wenn der Auftrag an diejenigen ergeht, die in die Nachfolge Jesu treten, die hier dem Richtung weisenden Arm des Mannes am Ufer folgen.

Durch zwei Kennzeichen unterscheiden sich die echten Menschenfischer von den falschen: ,,von nun an'' und ,,sie verließen alles''. ,,Von nun an'' das ist der Zeitpunkt, da Petrus bekannt hatte: ,,ich bin ein sündiger Mensch.'' Das heißt doch, daß er kein Recht hat, Menschen in seinen eigenen Dienst zu stellen und für sich selber zu vereinnahmen. Die Konsequenz dieser Erkenntnis besteht dann im Zurücklassen jeglichen Besitzanspruches, um frei zu werden für den Dienst an anderen Menschen.

Überwältigend einfach drückt es der Fischer Felipe von Solentiname aus: ,,Ja, darauf kommt es an. Ich glaube, daß wir als Fischer, die wir sind oder sein werden, genau aufpassen müssen, daß wir nicht für unsere persönlichen Interessen fischen. Es gibt viele, die zur christlichen Religion gehören und trotzdem nur darauf aus sind, sich die anderen zunutze zu machen. Aber der Fischfang Jesu ist zum Wohl der ganzen Menschheit. Es ist der Fischfang der Liebe.''

Folgt mir nach!
Ich will euch zu Menschenfischern machen!

nach Mt 4,19

Die Basisgemeinde

Wie es demjenigen ergeht, der sich in die Nachfolge als Jünger begibt, davon erzählt dieses Bild, und es gibt damit die biblische Aussage genau wieder: Nachfolge bedeutet nicht Zurückgezogenheit, nicht unpolitische Zurückhaltung. Man muß aufbrechen, das sichere Ufer verlassen und sich in einen Sturm begeben, der einen womöglich das Leben kosten kann.

Bevor Matthäus über die Stillung des Sturmes berichtet, spricht er über zwei Menschen, die zu Jesus kommen und erklären: Meister, ich will dir folgen, wo du hingehst! Die Antwort ist schroff: ,,Die Füchse haben Gruben und die Vögel haben Nester, aber des Menschen Sohn hat nicht, wo er sein Haupt hinlege.'' Jüngerschaft heißt Absage an alle Bindungen und bürgerliche Verpflichtungen von Familie und Freundschaft. Wer ein Jünger werden will, muß genau wissen, wie es ihm mit diesem Jesus ergehen wird.

Jesu Antwort an die zur Jüngerschaft bereiten Menschen ist eindeutig: ,,Folge du mir, und laß die Toten die Toten begraben!'' Und an dieser Stelle setzt der Bericht von der Stillung des Sturmes ein, und er greift das entscheidende Stichwort auf: ,,Nachfolge''.

,,Da trat Jesus in das Schiff, und seine Jünger folgten ihm nach.'' Die Sturmstillung erhält beispielhaften Sinn. Es geht hier nicht um einen Wunderbericht, der uns verdeutlichen will, was dieser Jesus alles kann, sondern hier wird in einem Gleichnis berichtet, wie es dem ergeht, der es mit seinem christlichen Glauben ernst meint. Die Fahrt in den Sturm hinein bestimmt das Schicksal des Jüngers.

Wer den Befreiungskampf in Mittelamerika von innen her kennt, der weiß auch, daß der Revolution in Nicaragua eine ganz wesentliche Kraft zuteil wurde, von den Christen, die dem Ruf in die Nachfolge gehorchten und den Sturm nicht scheuten, weil Jesus voran ging. Zwei von diesen hier wurden schon über Bord gespült; dennoch erreichen sie das Ufer, an dem der Retter steht: das Land des Retters — El Salvador.

Ihr Kleingläubigen,
warum
habt ihr Angst?

nach Mt 8,26

Maria — die mutige Mutter

Dann sagt Marcelino: ,,Nach dem, was Olivia gesagt hat, ist die Haltung Marias eigentlich ein sehr schönes Beispiel. Jesus kann Angst gehabt haben. Es ist nur natürlich, wenn ein Mensch Angst vor dem Tod hat. Als seine Stunde später kam, hatte er im Garten Gethsemane auch Angst. Es kann aber auch einfach Vorsicht gewesen sein, das ist im Grunde gleich. Auf jeden Fall scheint Maria hier keine Angst gehabt zu haben. Sie dachte auch nicht an Vorsicht, sondern ermunterte ihren Sonn, ein Wunder zu tun. Er wollte sich noch nicht in seine Aufgabe stürzen, aber sie gab ihm einen Stoß. Es ist so, als ob sie gesagt hätte: Es ist ganz gleich, was mit uns passiert.''

William: ,,Mich erinnert diese Geschichte an das, was die Mutter Camilo Torres von ihrem Sohn erzählt. Als er anfing, sich mit Politik zu beschäftigen, sprachen sie ganz natürlich über das, was auf ihn zukommen würde. ,Wenn sie mich töten, Mutter ...', sagte er. Und sie: ,Wenn sie dich töten, Sohn ...' Jesus sagt hier einfach zu seiner Mutter, daß er Schwierigkeiten haben wird. Das war eine Tatsache, die sie in aller Ruhe akzeptiert hatten.''

Carlos Alberto: ,,Es waren gute Freunde, die sie eingeladen hatten. Und die nun in einer peinlichen Lage waren. Es blieb Jesus nichts anderes übrig, als ein Wunder zu tun. Mit diesem Wunder beginnt er sein öffentliches Leben, das heißt seinen Kampf, und damit setzt er sich auch schon der Verfolgung aus. Gleich nach diesem Kapitel schreibt Johannes, wie Jesus die Händler aus dem Tempel wirft und wie er sofort danach auch von seinem Tod spricht. Man sieht also, daß sich nach diesem ersten Wunder die Ereignisse überschlagen.''

Aus dem Evangelium der Bauern von Solentiname

Das erste Zeichen,
das Jesus tat: Wasser zu Wein.

Alphabetisierung

Herr, mache mich zu einem Werkzeug deines Friedens,
daß ich Liebe entgegenbringe, wo man mit Haß begegnet;
daß ich meinen Feinden mit Güte begegne;
daß ich verzeihe, wo man beleidigt;
daß ich statt Propaganda Informationen mitteile;
daß ich Vertrauen erwecke, wo Zweifel sich einnistet;
daß ich dem Ausländer meine Hand reiche und dem Flüchtling meine Tür öffne;
daß ich Hoffnung mache, wo die Verzweiflung herrscht;
daß ich mit den Ausgebeuteten Streiks organisiere;
daß ich ein Licht anzünde in der Dunkelheit;
daß ich dem Unwissenden Wissen vermittle;
daß ich Freude bringe, wo man traurig ist;
daß ich dem Armen mein Brot breche und der Wachstumsideologie entgegentrete.
O Herr, nicht, daß ich getröstet werde, sondern daß ich tröste;
nicht, daß ich meine Privilegien genieße, sondern daß ich solidarisch werde;
nicht, daß ich verstanden werde, sondern verstehe;
daß ich in der Ausweglosigkeit dem Guerillero zum Begleiter werde
und wir gemeinsam um deine Barmherzigkeit bitten;
daß der Kriegsdienstverweigerer meine Solidarität hat
und der Arbeitslose nicht Panzer bauen muß.
Nicht, daß ich geliebt werde, sondern selber liebe;
denn indem wir geben, empfangen wir;
indem wir verzeihen, wird uns verziehen;
und im Sterben werden wir zum ewigen Leben geboren.
Amen.

Wenn ihr betet,
sollt ihr nicht viel plappern wie die Heiden!

nach Mt 6,7

Bekenntnis zum Menschensohn

Freuet euch, ihr Armen!
Ihr werdet Gottes Volk sein, wenn er sein Werk vollendet.
Freuet euch, die ihr jetzt Hunger habt!
Gott wird euch satt machen.
Freuet euch, die ihr jetzt weint!
Bald werdet ihr lachen.
Ihr dürft euch freuen, wenn man euch haßt, verstößt, beleidigt
und euch Böses nachsagt, weil ihr euch zum Menschensohn bekennt.
Freuet euch, wenn das geschieht,
ja, springt vor Freude, denn Gott wird euch reich belohnen.
Aber
weh euch, ihr Reichen!
Eure Herrschaft geht zu Ende.
Weh euch, die ihr jetzt satt seid!
Ihr werdet hungern.
Weh euch, die ihr jetzt lacht!
Ihr werdet weinen und klagen!
Weh euch, wenn euch alle Menschen loben!
Früher hat man die falschen Profeten genauso gelobt.

nach Lukas 6, 20—26

Freut euch, ihr Armen!

nach Luk 6, 20

Mose und die Propheten in der Sofaecke

Der reiche Mann und der arme Lazarus symbolisieren den Zustand der Menschheit. Da ist der reich gedeckte Tisch, an dem noch viele Platz finden könnten; doch es gibt keine weiteren Stühle. Lazarus — mit hungrigem Magen und voller Eiterbeulen — muß zuschauen, wie der Patron vorsichtig ißt, um seine gute Figur zu bewahren. Aber mir fällt beim Vergleich mit dem biblischen Text auf, daß auf diesem Bild Lazarus nicht draußen vor der Tür des reichen Mannes liegt, sondern seinen Fuß schon über die Schwelle des Hauses gesetzt hat. Er hat seinen Fuß schon in die Tür gestellt.

Die Kluft zwischen arm und reich ist sicherlich tief. Doch ist sie deshalb schon unüberwindlich? Zwischen Lazarus und dem reichen Mann sind es höchstens drei Schritte. Was wird geschehen, wenn Lazarus nicht erst auf eine Einladung wartet, sondern sich so ohne weiteres mit an den Tisch setzt? Es würde für beide ,,reichen''.

Die Erfahrung aber zeigt, daß die Einladung an die Armen nicht ergeht. Die Reichen betrachten nämlich ihren Reichtum als ihren Privatbesitz, der die anderen ausschließt. Deshalb hat der Reiche beim Genuß seiner Güter im Angesicht der Armut nicht einmal ein schlechtes Gewissen: schließlich ist sein Reichtum sein Privateigentum! Doch wer weiß es schon, daß das Wort ,,privat'' aus dem Lateinischen kommt und ,,rauben'' heißt? Ich halte es nicht für übertrieben, wenn ich die unter uns verbreitete Ideologie des Privateigentums eine Räuberideologie nenne.

Lazarus, der hier noch zögernd seinen Fuß in die Tür des Reichen gestellt hat, hat in Nicaragua den entscheidenden Schritt nach vorn gewagt und hat so die Kluft zwischen arm und reich verringert, die Armen sind auf den reichen Mann zugegangen und haben an seinem Tisch Platz genommen. Leider hat der reiche Mann den Armen nicht eingeladen. Dabei hätte er es eigentlich besser wissen müssen; schließlich hat er ja Mose und die Propheten. Doch die liegen in der Sofaecke.

Er hat Mose und die Propheten,
soll er dieselben hören!

nach Luk 16,29

Der barmherzige Guerillero

Ein Mensch fällt unter die Räuber; sie ziehen ihn aus, schlagen ihn, lassen ihn halbtot liegen und machen sich auf und davon.

In Mittelamerika müßte dieses Gleichnis heute wohl so erzählt werden:

Eine Campesinofamilie konnte von ihrem kleinen Stück Land nicht leben. Deshalb verdingte sich die Familie zur Lohnarbeit einem Großgrundbesitzer. Der karge Lohn reichte nicht aus, um auch noch Saatgut und Düngemittel zu kaufen. Der Patron gab ihnen beides; dafür mußten sie die Hälfte der zu erwartenden Ernte an den Großgrundbesitzer abtreten. Eine Trockenperiode bewirkte eine magere Ernte. Der Ertrag der kümmerlichen Ernte ging deshalb ganz an den reichen Mann. Die Campesinos verarmten immer mehr. Arbeit, Hunger, Krankheit und Verzweiflung bestimmten den Tageslauf. Die Schulden beim Patron wuchsen. Dieser ließ sich in keinem Augenblick erweichen. Hier wird nichts geschenkt und gar nichts erlassen. Eines Tages kam der Landarbeiter vor Gericht wegen Diebstahl. Er hatte einige Pfund Mais und Bohnen aus dem Speicher mitgehen lassen. Der Richter verurteilte natürlich den Dieb. Dieser mußte büßen und also ins Gefängnis. Seine Tochter verkaufte sich viertelstundenweise an die Söhne des Patrons und manchmal auch an die Polizisten; an die allerdings umsonst, damit es dem Vater besser ginge. Der Priester erfuhr davon. Jetzt nannte man sie öffentlich eine Hure. Da traute sich die Mutter vor Scham und Schande nicht mehr unter die Leute und beging schließlich Selbstmord.

„Ein Samariter aber kam in selbige Gegend ...“ Er kam heimlich, denn man nannte ihn einen Terroristen, ein subversives Element. Das Volk aber nennt ihn Freiheitskämpfer, Guerillero. Er redete mit der Familie und nahm sie schließlich mit in das Camp. Und von dort aus kämpfen sie jetzt auch um die Befreiung des Vaters, der im Gefängnis von Santa Tecla sitzt.

So gehe hin und tue desgleichen!

nach Luk 10,37

Ohne uns Menschen gibt es kein Reich Gottes

Olivia: ,,Ich glaube, Jesus erzählt dieses Gleichnis vom Samenkorn, weil er sich damit an uns,an die Bauern, wenden wollte. Wenn er die Reichen gemeint hätte, hätte er sicher ein anderes Beispiel gewählt, das sie besser verstanden hätten. Er spricht von der Aussaat und von den Zanatevögeln, die die Körner fressen, und von den Pflanzen, die in der Regenzeit verderben, und von den schädlichen Chagüitevögeln. Das ist unsere Sprache, und darum ist seine Botschaft an uns gerichtet, an die Armen.''

Tomás: ,,Und wenn wir seine Botschaft hören und sie wieder vergessen, dann sind wir wie der Mais, den die Zanatevögel gefressen haben. Man kann heute säen, und wenn man morgen wieder auf's Feld kommt, haben sie kein einziges Korn übriggelassen.''

Felipe, Tomás' Sohn: ,,Andere Samenkörner fallen auf den Weg, wo die Erde festgetreten ist, weil die Leute dort hin- und hergehen. Das passiert mit denen, deren Geist von der Propaganda blockiert ist. Sie glauben alles, was die Leute ihnen vorreden, so kann die Botschaft vom Reich Gottes nicht in sie eindringen.''

Oscar: ,,Und dann fiel etwas zwischen die Steine. Die steinige Erde, das sind die versteinerten Herzen, in denen es viel Egoismus und wenig Liebe gibt. — Und wieder andere — sage ich — wurden von den Dornen erstickt! Das sind die übertriebenen Sorgen um diese Welt, die Verführung durch den Reichtum. Es ist doch bezeichnend, daß für Christus der Reichtum nicht angenehm ist, sondern problematisch wie Dornen.''

Manuel: ,,Ich glaube, daß bei dieser Aussaat viel Korn verloren geht, vielleicht sogar der größte Teil. Aber letzten Endes machen die Körner, die endlich aufgehen, alle Verluste wieder wett. So wird es meiner Meinung nach auch mit der Ernte dieser Worte sein. Zuerst scheinen sie nur wenige Menschen anzunehmen, aber diese Wenigen werden später eine riesige Gesellschaft, weil aus jedem einzelnen ein ganzer Haufen wird.''

Julio: ,,Ich sehe da auch noch etwas anderes. Das Samenkorn an sich, d. h. ohne gute Erde, nützt gar nichts. So ist auch die ganze Botschaft vom Reich Gottes ohne uns nichts nütze. Ohne uns Menschen gibt es kein Reich Gottes.''

Aus dem Evangelium der Bauern von Solentiname

Etliches
fällt auf gutes Land und trägt Früchte.

nach Mt 13,8

Brich dem Hungrigen dein Brot

Dies ist der wahre Gottesdienst:
Löse die Stricke der Ungerechtigkeit
Zerreiße die Riemen des Jochs
Gib frei die Unterdrückten
Zerknicke jedes Joch
Brich dem Hungrigen dein Brot
Nimm die Heimatlosen in dein Haus
Umhülle den Nackten
Entzieh dich nicht deinen Brüdern
Dann wird dein Licht hervorbrechen wie die Morgenröte
Und deine Wunden verheilen schnell
Deine Gerechtigkeit wird vor dir hergehen
Und die Herrlichkeit des Herrn folgt dir
Du wirst rufen, und der Herr antwortet dir
Du schreist, und er sagt zu dir: hier bin ich
Wenn du aus deiner Mitte die Ausbeutung verbannst
Verleumdung und Vorurteile
Wenn du den Hungrigen dein Herz finden läßt
Und den im Elend Lebenden satt machst
Dann wird dein Licht in der Finsternis aufgehen
Und deine Finsternis wird zum hellen Tag
Dann wird der Herr dich allezeit leiten
Und dich sättigen selbst in der Dürre
Er wird deine Glieder verjüngen
Du wirst sein wie ein bewässerter Garten
Wie ein Wasserquell, der nie versiegt

nach Jesaja 58, 6—12

… und alle aßen und wurden satt.

nach Mt 14,20

Er erhebt die Niedrigen

„Ein Pharisäer lud Jesus zum Essen ein. Und er nahm die Einladung an und setzte sich zu Tisch in der Gesellschaft des Pharisäers. In derselben Stadt gab es eine Frau, die war als Dirne bekannt. Als diese hörte, daß Jesus sich in der Gesellschaft des Pharisäers aufhielt, ging sie hin mit einem Glas Salbe. Sie kniete vor Jesus nieder, fing an zu weinen, wusch mit ihren Tränen seine Füße und trocknete sie mit ihrem Haar. Dann küßte sie seine Füße und salbte sie."

Wer auf dem Bild der Gastgeber ist, bleibt unerkennbar. Hier geht es darum, eine ganze pharisäische Gesellschaft zu entlarven; und sie entblößen sich durch Haltung und Gestus als Heuchler, die es nicht ertragen können, daß diese mit dem hochgeschlitzten Rock nicht bleibt, wo man sie „nach Belieben" aufsuchen kann. In dieser Gesellschaft darf „so eine" nicht mitmachen.

Während sich alle anderen abwenden, ereignet sich zwischen Jesus und dieser Frau Zuwendung und Zuneigung als das Zeichen der Gemeinschaft. Gerade diese Frau hat das Neue begriffen, wenn jemand auftritt und Menschenwürde und Gerechtigkeit verkündet. Sie, die sonst immer ausgeschlossen war und niemals mitbestimmen durfte, die sonst nur Lustobjekt einer chauvinistischen Männergesellschaft ist, tritt herein und setzt ein Zeichen der Gemeinschaft.

Dieses Bild spricht von der Revolution in Nicaragua, wo eine herrschende exklusive Gesellschaft abgesetzt wird und die Gemeinschaft aller neue Werte setzt.

„Er hat die Niedrigkeit seiner Magd angesehen.
Er übt Gewalt mit seinem mächtigen Arm
und zerstreut die Hochmütigen.
Er stößt die Machthaber vom Thron
und erhebt die Niedrigen."

Du bittest ihn
und er gibt dir lebendiges Wasser.

nach Joh 4,20

Gesprächspartner Gott

Am Jakobsbrunnen begegnet Jesus einer Samaritanerin. Nicht genug, daß mit diesem Ausdruck jedem sofort deutlich wird, es handelt sich um eine Angehörige einer feindlichen Volksgruppe, die ein frommer Jude normalerweise meidet und schon gar nicht um einen Gefallen bittet. Von dieser Frau wird ausdrücklich noch gesagt, daß sie es mit verschiedenen Männern treibt und als Sünderin in jedem Falle zu meiden ist. Mit einer solchen Frau also beginnt Jesus einen Dialog: ,,Gib mir zu trinken!'' Und er erklärt ihr, welche Bedeutung er gerade für sie, die von Männern ausgebeutete Frau, hat: ,,Wenn du erkenntest, wer der ist, der zu dir sagt: Gib mir zu trinken! du bätest ihn, und er gäbe dir zu trinken. Wer von dem Wasser des Jakobsbrunnens trinkt, den wird wieder dürsten; wer aber von dem Wasser trinkt, das ich ihm gebe, den wird ewiglich nicht dürsten, sondern das Wasser, das ich ihm geben werde, wird in ihm ein Brunnen des Wassers werden, das in das ewige Leben quillt.''

Mir treten bei diesen Worten die Basisgemeinden in Zentralamerika vor Augen, an deren Gottesdiensten ich so oft teilgenommen habe. In ihnen hat sich wirklich erfüllt, daß die um Gottes Wort versammelte Gemeinde zu einem Brunnen wird, aus dem inmitten einer feindlichen Welt Kräfte des Lebens quellen. Die Revolution in Nicaragua, der Befreiungskampf der Menschen in El Salvador, Guatemala und Honduras schöpfen große Kraft aus dem Brunnen der Basisgemeinden, die die Menschen zu lebendigem Wasser werden lassen.

Eine solche Quelle lebendigen Wassers symbolisiert für viele auch der ermordete Erzbischof Romero, der sagte:

,,Christus lädt uns ein, die Verfolgung nicht zu fürchten. Wer sich für die Armen entschieden hat, der muß dasselbe Schicksal wie die Armen durchmachen, und in El Salvador wissen wir, was das Schicksal der Armen bedeutet: zu verschwinden, gefoltert zu werden, Gefangener zu sein und tot aufgefunden zu werden.''

Ihr ist viel vergeben,
darum hat sie viel Liebe.

nach Luk 7,47

... den Gefangenen die Freiheit oder Einzug in Managua 1979

Zwei Dinge fallen mir an diesem Bild besonders auf:
Im Vordergrund liegt das Gefängnis.
Gegenüber aus dem Tempel treten eine Frau und ein Kind heraus.
Soll das vielleicht bedeuten, daß der Einzug der Guerilleros gleicherweise Freiheit
für die geistlich Gefangenen wie auch für die Eingekerkerten bringt?
Soll hier die unheilige Allianz von Diktatur und Kirche gebrochen werden?
Vielleicht erfüllt sich hier das Wort des Profeten Jesaja:

„Der Geist des Herrn ruht auf mir, denn er hat mich zum Diener gemacht.
Er hat mich gesandt, den Armen eine neue Hoffnung zu geben;
die Gefolterten zu heilen und die Gefangenen zu befreien;
den ausgebeuteten Campesinos zuzurufen: Euch gehört das Land!
Bekanntzumachen ein gnädiges Jahr des Herrn
und einen Tag der Gerechtigkeit unseres Gottes;
so werden alle Trauernden getröstet;
und sie gehen nicht mehr mit gesenktem Haupt,
sondern wandeln aufrecht und tanzen vor Freude.
Aus ihrem Munde erklingen Freudenlieder,
und man nennt sie „Bäume der Gerechtigkeit" und „Garten des Herrn".
Sie werden die alten Trümmer wieder aufbauen
und die Ruinen vorangegangener Tage wieder herrichten.
Die verwüsteten Städte werden sie erneuern!"

Eine solche Hoffnung verkündet dieses Bild vom Einzug in Managua.
Auf den Transparenten steht geschrieben:
„Nieder mit Somoza!" — „Nieder mit Kaiphas!" „Es lebe Jesus, der Befreier!"

Dein König kommt zu dir auf einem Esel.

nach Mt 21,5

Die Reinigung der Kirche

„Jesus fand im Tempel sitzend, die da Ochsen, Schafe und Tauben feilhielten, und die Wechsler. Und er machte eine Geißel aus Stricken und trieb sie alle zum Tempel hinaus samt den Schafen und Ochsen und verschüttete den Wechslern das Geld und stieß die Tische um … und sagte: ‚Machet meines Vaters Haus nicht zu einem Kaufhaus'!"

Die Kirche ist fast zu allen Zeiten ein Tummelplatz für Geschäftemacher gewesen. Die Kirche selbst hat mit der Religion ganz gute Geschäfte gemacht. Dabei hat sie ihre Gläubigen nicht nur religiös, sondern auch finanziell ausgebeutet. In Lateinamerika ist das von Anfang an so gewesen. Die Kirche kam an der Seite der Eroberer und hat die Grausamkeiten der Kolonisierung nicht nur toleriert; vielmehr hat sie den Völkermord als einen Aspekt ihrer Mission betrachtet und deshalb vor und nach jedem Gemetzel den mordenden Christen die Absolution erteilt. Als man den Völkern Lateinamerikas Land, Bodenschätze und Kultur raubte, bereicherte sich die Kirche ebenso.

Inzwischen hat die Kirche nicht nur in Lateinamerika viele Tempelreinigungen durchgemacht. Eine wird auf unserem Bild dargestellt: Befreiungskämpfer, erkennbar an ihren roten und schwarzen Mützen, treiben alle diejenigen aus dem Tempel, die sich am armen Volk bereichert haben.

Diesen Reinigungsprozeß hat die Kirche auf ihrer Bischofskonferenz in Puebla eingeleitet, wo sie ihr traditionelles Bündnis mit den Herrschenden brach und „eine bedingungslose Entscheidung für die Armen" traf:

„… die überwältigende Mehrheit unserer Brüder und Schwestern lebt weiterhin in einer Situation der Armut, ja sogar des Elends, die sich noch verschärft hat. Diese Menschen müssen die elementarsten materiellen Güter entbehren, im Kontrast zu einer Minderheit, die häufig auf Kosten der Armen Reichtum zusammenrafft. Allerdings mangelt es diesen Armen nicht nur an materiellen Gütern, sondern sie haben auch kaum eine Möglichkeit der Mitwirkung am Gesellschaftsleben und an der Politik. Wenn wir uns den Armen nähern, um ihnen zur Seite zu stehen und ihnen zu dienen, tun wir dasselbe, was Christus für uns tat, als er Mensch und unser aller Bruder wurde."

Mein Haus soll ein Bethaus sein.
Ihr aber macht daraus eine Räuberhöhle.

nach Mt 21,13

Abendmahl unter dem Strohdach

Nicht nur in Solentiname spielen die Gottesdienste eine besondere Rolle, sondern für die leidenden Menschen in ganz Lateinamerika sind sie zu einer Quelle geworden, aus der die Kraft geschöpft wird, die Resignation zu überwinden und sich trotz Elend und Unterdrückung den aufrechten Gang der Freien zu bewahren. Bei uns werden die Gottesdienste oft als eine Pflichtübung verstanden.

Gottesdienst heißt jedoch zu allererst: Gott dient uns, den Menschen. Sein Dienst besteht darin, daß er sich uns mitteilt, daß er nichts für sich behält, sondern alles teilt — sogar sich selbst.

Als ich Weihnachten 1981 bei den Flüchtlingen in Mittelamerika war, da war ich überwältigt von der selbstverständlichen Bereitschaft der Menschen, uns aufzunehmen und alles mit uns zu teilen. Sie teilten mit uns nicht nur ihr ärmliches Essen, boten uns nicht nur ihre Hängematte und ihr Dach an. Vor allen Dingen teilten sie mit uns ihren Gottesdienst. Sie gaben einfach weiter, was sie selber empfangen hatten. Sie betrachteten das Wenige nicht als ihren Privatbesitz, sondern als an alle zu verteilende Gabe.

Dieses Abendmahl unter dem Strohdach von Solentiname läßt erkennen, daß sie alle gleichen Anteil haben an dem Dienst, den Jesus ihnen gewährt. Mir fällt auf, daß sie nicht zugreifen, um sich das Essen einzuverleiben, sondern offenbar gestikulierend miteinander reden, sich über die gemeinsame Mahlzeit hinweg sehr viel mitzuteilen haben.

Nur einer, der zur Rechten Jesu, stürzt sich auf seinen Teller und will für sich genießen. Ist es Judas, der Verräter, der nach dem Abendmahl sich absondert, zu den Hohenpriestern eilt, um Jesus für 30 Silberlinge zu verkaufen? Der Verrat nimmt seinen Anfang, indem Judas sich einverleibt, was zum Teilen bestimmt ist.

*Und Jesus nahm das Brot,
dankte und brach's
und gab's den Jüngern.*

nach Mt 26,26

Der Verrat

Warum stehen und hocken sie nur so tatenlos herum, die Guerilleros? Sehen sie denn gar nicht die Nationalgardisten, die unter Führung des Verräters Judas, schwer bewaffnet von den Hohenpriestern und den Ältesten, ihren Herren und Meister verhaften wollen? Sie wissen doch ganz genau, wie es demjenigen ergeht, der in die Hände der Nationalgarde fällt: Verhaftet ohne richterlichen Haftbefehl, verschleppt auf irgendeine Polizeistation, Verhör, Folter, Mord. So geschieht es täglich. In El Salvador 35.000 Mal in den Jahren 1979 bis 1981; in Guatemala waren es im gleichen Zeitraum mindestens 30.000 Campesinos, Kinder, Frauen, Alte, die so während der Nacht hochgerissen und massakriert wurden. Warum greifen sie nicht zu ihren Waffen und stellen sich schützend vor ihren unschuldigen Herren?

Noch in der Stunde des Verrates nennt Jesus den Judas „mein Freund", compañero, und läßt sich von ihm küssen. Barmherzig und verständnisvoll begegnet der Guerillaführer Jesus seinem Verräter. Er weiß, daß auch Judas ein Opfer der Verhältnisse ist, einer der „armen Teufel" aus dem Volk, die in ihrer Not dem Angebot der Herrschenden nicht widerstehen können. Die Mitglieder der paramilitärischen Todesschwadronen sind fast alle Campesinos, die von ihrer Herkunft her eigentlich zur Schar der Jünger gerechnet werden müßten — wie Judas —, doch sie sind käuflich geworden, weil sie in ihrem menschlichen Elend keine andere Wahl zu haben glaubten.

Angesichts dieser Gruppe von Elendssöldnern unter der Führung des Judas befällt die Jünger ganz offensichtlich Ratlosigkeit. Der Judaskuß kann auch in Lateinamerika nicht mit einer Kugel beantwortet werden; sie würde den falschen treffen. Und gerade das Beispiel Nicaragua zeigt, daß sich aus einem Judas auch ein wirklicher Freund, ein Compañero machen läßt.

Mein Freund, warum bist du gekommen?

nach Mt 26,50

Die Verhaftung

Diese nächtliche Operation wurde sehr gut vorbereitet. Nichts sollte dem Zufall überlassen bleiben, denn es ging darum, einen Menschen zum Schweigen zu bringen, der die Machthaber und ihr ganzes System infrage stellt und dabei auch noch Zulauf aus dem Volk erhält. Er ist subversiv, denn er hatte gesagt:

,,Weh euch, Bischöfe und Obristen, ihr Heuchler, die ihr das Reich des Friedens und der Gerechtigkeit zuschließet vor den Menschen! Ihr gehet nicht hinein und die hinein wollen, laßt ihr nicht hineingehen.''

Kein Wunder, von da an trachten sie danach, wie sie ihn töten könnten; aber sie fürchten sich vor dem Volk, denn es hält ihn für einen Profeten. Deshalb also muß es gut geplant werden. Die Öffentlichkeit muß ausgeschlossen werden, damit es keinen Aufruhr gibt im Volk. Man observiert dieses subversive Element Jesus und seinen Sympathisantenkreis der Jünger. Für 30 Silberlinge ist ein Verräter schnell gekauft. Zu nächtlicher Stunde wird er eingekreist und belauscht, ob er verdächtige Äußerungen macht.

Als Jesus plötzlich sagt: ,,Stehet auf, laßt uns gehen! Siehe, er ist da, der mich verrät!'' da stürzen sie sich auf ihn und seine Anhänger.

Einer von ihnen, Petrus, will Gegenwehr leisten, doch Jesus fährt ihn an: ,,Stecke dein Schwert in die Scheide!'' Er will nicht überleben auf Kosten anderer; Jesus will vielmehr leben für die anderen. Und er ist sogar bereit, für die anderen sein Leben zu geben.

Den mutlosen Jüngern hält er seine Schrift in der hoch erhobenen Hand entgegen. Sie verstehen ihn nicht. Sie können die Schutzlosigkeit nicht ertragen und fliehen.

Hätten sie nur genauer hingeschaut, was da geschrieben steht: FSLN, der Name der Befreiungsbewegung, das heißt, sich auf die Seite der Armen stellen. Das heißt auch, nicht sich selber verteidigen auf Kosten anderer, sondern ,,wer ein Jünger sein will, der nehme das Kreuz und folge mir nach. Denn wer sein Leben erhalten will, der wird's verlieren; wer aber sein Leben verliert um meinetwillen, der wird's finden.''

Ihr seid ausgegangen
wie gegen einen Mörder
mich zu fangen.

nach Mt 26,55

Der Knecht Gottes

Vieles spricht dafür, daß das Bekenntnis „Jesus ist der Knecht Gottes" zuerst aus dem Munde des Jüngers Petrus ertönte. Ausgerechnet Petrus, der sich am stärksten dem Leidensweg seines Herren entgegengestellt hat. Als Jesus zum ersten Mal bekannt gibt, daß er viel leiden muß, daß er von Ältesten und Hohenpriestern verworfen und getötet werden würde, da kann Petrus absolut kein Verständnis aufbringen, nimmt ihn beiseite und raunt ihm zu: Nur das nicht! Das werden wir verhüten!

Ausgerechnet Petrus, der nach dem Schwert greift, als es mit dem Leiden ernst wird und Jesus in die Hände der Nationalgarde fällt. Ausgerechnet Petrus, der den in den Händen der Soldaten gefolterten Jesus leiden sieht und sich unter Leugnen davonschleicht, um selber dem Leiden zu entgehen: Ich kenne den Menschen nicht! Ausgerechnet Petrus, der das Leiden seines Herren mit Gewalt verhindern will, als er in Gethsemane nach dem Schwert greift und dem Malchus ein Ohr abschlägt, der hat als erster in Jesus den Knecht Gottes erkannt und bekannt.

Wer wie Petrus das Kreuz Jesu erlebt hat, der konnte Jesus kaum noch als Prophet und Befreier bekennen. Der hatte eine neue Dimension erfahren, die es jetzt zu bekennen und also zu leben galt: das Leiden für andere.

Ich kann den Petrus sehr gut verstehen, wie er plötzlich begreift, daß hier einer für ihn gelitten hat und starb und daß er deshalb seine Position zum Kreuz radikal ändern muß. Ostern bricht für ihn an, als er den Kreuzestod Jesu begreift und er das für ihn notwendige Bekenntnis über die Lippen bringt: Jesus ist der Gottesknecht.

Dieses Bekenntnis macht ihn bereit, von nun an sich selbst gegen die Mächtigen dieser Welt zu stellen, bereit zu leiden und zu sterben. Es gellt in seinen Ohren: „Es lebe Somoza!" und: „Jesus soll sterben!" Er weiß: das Leiden und Sterben Jesu vollzieht sich weiter an denen, die sich zu ihm bekennen.

Bist du der Juden König?
Du sagst es!

nach Mt 27,11

Kreuzwegstation: El Salvador

,,Sie nahmen ihn, und er trug sein Kreuz und ging hinaus zur Stätte, die da heißt Schädelstätte.''

,,Ich heiße Santos. Vor ungefähr drei Tagen bin ich hier im Lager angekommen. Wir kommen aus Cabañas, von der anderen Seite des Rio Lempa, aus dem Dorf La Pinte. Die Lage dort war schlimm. Wir sind schließlich in die Berge geflüchtet. Einen Monat und fünfzehn Tage waren wir unterwegs. Einen Monat und fünfzehn Tage ohne Tortillas in den Bergen. Ich bin mit meinem Bruder unterwegs gewesen. Er ist dreizehn oder vierzehn Jahre alt. Ich bin zwölf.

Meine Mutter habe ich verloren, als sie angeschossen wurde. Meinen kleinen Bruder, das Baby, haben sie umgebracht. Da schrie meine Mutter, ich sollte mich selbst retten, und dann bin ich in die Berge geflüchtet.

Dort traf ich ein anderes Mädchen. Da kamen plötzlich die Soldaten von oben und von unten. Ich habe mich auf die Erde geschmissen, habe meine Haarspange geöffnet und mein Gesicht mit den Haaren bedeckt. Das Mädchen, das bei mir war, setzte sich neben mich, und dann haben die Soldaten es getötet. Mich haben sie nicht erschossen.

Die Soldaten sind dann noch zweimal zurückgekommen. Sie sind aber an mir vorübergegangen, weil ich nicht geatmet habe. Sie gingen zu einer Frau in der Nähe und haben sie getötet. Die Frau flehte die Soldaten an, sie nicht zu töten. Sie hatte ein kleines Kind, das hat schrecklich geweint. Einer von denen sah das Kind und sagte, wir müssen es zerstückeln. Und das haben sie dann auch gemacht. Ich habe vier tote Kinder gesehen. Unterwegs auf der Flucht haben wir wilde Peperoni, unreife Bananen und Zitronen gegessen. Wir sind immer nur nachts weitergegangen. Vor Erschöpfung sind wir oft umgefallen.''

Das erzählte mir ein zwölfjähriges Mädchen, das im Januar 82 nach mehrwöchiger Flucht die Grenze von Honduras erreichte

Dann führten
sie Jesus hinaus,
um ihn
zu kreuzigen.

nach Mk 15,20

Die gekreuzigte Befreiung

Wer hat dem geglaubt, was uns verkündet wurde,
und der Arm des Herrn, wem wurde er offenbar?
Er wuchs vor uns auf wie ein Schoß,
wie eine Wurzel aus dürrem Erdreich;
er hatte weder Gestalt noch Schönheit,
daß wir nach ihm geschaut,
kein Ansehen, daß er uns gefallen hätte.
Verachtet war er
und verlassen von Menschen,
ein Mann der Schmerzen und vertraut mit Krankheit,
wie einer, vor dem man das Antlitz verhüllt;
so verachtet, daß er uns nichts galt.
Doch wahrlich unsere Krankheiten hat er getragen
und unsere Schmerzen auf sich geladen;
wir aber meinten, er sei gestraft,
von Gott geschlagen und geplagt.
Und er war doch durchbohrt um unserer Sünden,
zerschlagen um unserer Verschuldungen willen.
Die Strafe liegt auf ihm zu unserem Heil,
und durch seine Wunden sind wir geheilt.

nach Jesaja 53

Es ist vollbracht.

nach Joh 19,30

Holt den Menschen vom Kreuz!

Wer das Neue Testament genau liest, der wird sehr schnell erkennen, daß die letzten drei Bilder dieses Buches nicht voneinander getrennt werden dürfen, denn dann würden wir die Auferstehungsbotschaft nicht verstehen können; dann wäre der am Kreuz Gestorbene nicht der lebendige Gott.

Ostern ist für die ganze Christenheit zum entscheidenden Datum geworden. Wenn es nämlich die Botschaft von der Auferstehung nicht gäbe, dann wäre die Nachricht vom Kreuzestod Jesu gar nicht bis in unsere Tage gedrungen. Dann wäre Jesus bestenfalls nur einer der vielen Idealisten gewesen, die am Ende gescheitert sind. Eine frohe Botschaft von der Liebe Gottes zu uns Menschen, die Gemeinde Jesus, hätte schwerlich daraus entstehen können.

Wir müssen erst begreifen, daß dort am Kreuz wirklich Gott gerichtet und ermordet wurde. Der gekreuzigte Jesus stirbt für uns Menschen. Für andere sterben, um sie zu retten, ist Ausdruck der Liebe.

Von nun an ist Gott nicht mehr anders zu haben als im leidenden und sterbenden Menschen. Deshalb ist es auch so wichtig, daß hier von einer Beerdigung die Rede ist. Dieser Jesus ist wirklich tot. Die wenigen Frauen, die auch unter dem Kreuz ausharrten, und Josef von Arimathia müssen ihn in die Erde legen und endgültig Abschied von ihm nehmen. Ein Sturm der Verzweiflung und die Nacht der Trauer brechen über diese wie über viele andere Hinterbliebene herein. Er wird nicht auf einem normalen Friedhof beerdigt. Offenbar ist es ein Schlachtfeld, denn alle anderen Grabhügel sind auch noch frisch.

Wir hofften, er sei es, der uns erlösen würde. Mit ihm haben wir alle unsere Hoffnungen zu Grabe getragen.

*...sie gaben ihm das Geleit
und sahen zu,
wie er in das Grab gelegt wurde.*

nach Luk 23,55

Auferstanden zur Befreiung

Obgleich alle Hoffnungen begraben wurden, die Jünger aus Furcht vor den Juden sich versteckten, gibt es plötzlich einen Umschwung. Die Angst ist überwunden, sie verlassen das Versteck, treten öffentlich auf und reden von den großen Taten Gottes: Gott liebt diese Welt. Er will die Freiheit aller Menschen. Diese Erde soll wieder menschlich werden.

Was war damals eigentlich geschehen, als die Jünger sich von Golgatha wegschlichen? Sie konnten den Anblick der Ohnmacht und der Qual nicht länger ertragen, weil sie sich die Befreiung und Rettung von der Fremdherrschaft und Unterdrückung ganz anders vorgestellt hatten. Sie wendeten sich von diesem gekreuzigten Jesus ab, weil sie von ihm Wunder erwartet hatten, die sich von alleine ereignen würden, ohne ihr Dazutun.

Doch dann muß sich doch noch ein Wunder ereignet haben. Das Wunder, das immer geschieht, wenn das miserable Grab vorgetäuschter Erwartungen aufbricht, wenn die eingeschüchterten, ausgebeuteten, terrorisierten, gefolterten und verelendeten Menschen erkennen, daß sich im gekreuzigten Jesus die Liebe Gottes zu den Armen zeigt. Sie begreifen plötzlich, daß es sich lohnt, die Sache Jesus selbst fortzuführen, weil er den Weg aufgezeigt hat, der zur Freiheit führt.

Seht dieses Oster-, dieses Auferstehungsbild! Die Erde ist ein blumenreiches Paradies geworden. Und der Auferstandene trägt deutlich erkennbare Züge: Brille und Bart symbolisieren Carlos Fonseca, den Gründer der Befreiungsfront FSLN, deren Name hinter ihm zu lesen ist. Das heißt: In der Revolution der Armen und Unterdrückten wird die Sache Jesu weitergeführt. Der Anbruch des neuen Tages ist keine bloße Verheißung mehr.

Was sucht ihr
den Lebendigen bei den Toten?

nach Luk 24,5

Jesus in Mittelamerika

Für die Bauern von Solentiname ist Jesus von Nazareth nicht nur der Held einer Geschichte aus uralten Zeiten, sondern ein Mensch der Gegenwart, der sie begleitet, der zu ihnen spricht, der ihnen Mut macht und der sie tröstet. Wer ist Jesus? Diese Frage versuchen die Bilder der Bauern von Solentiname zu beantworten. Dabei ist es wichtig, daß wir diese Frage von Anfang an richtig verstehen. Wer ist Jesus und nicht etwa: Wer war Jesus? Denn dieser Jesus von Nazareth, wer auch immer er gewesen sein mag, beansprucht heute noch, jetzt und hier etwas zu sein. Für die Campesinos aus Mittelamerika geht es nicht darum, was man heute alles aus dem historischen Jesus machen könnte oder gar machen müßte, um ihn in neuer Gestalt vor unseren ideologischen oder weltanschaulichen Wagen zu spannen. Auch das hat es gegeben und man tut es häufig noch heute. Nicht nur, daß jede Kirche und jede Konfession diesen Jesus für sich beansprucht — das ist selbstverständlich, solange man sich nach diesem Mann aus Nazareth benennt —, vielmehr vereinnahmen ihn für sich heute ja auch Atheisten genauso wie Konservative und Revolutionäre. Wie Jesus dann eben für Liberale liberal, für Konservative konservativ und für Revolutionäre revolutionär gewesen ist.

Der Theologe muß eingestehen, daß es sich kaum noch einwandfrei klären läßt, wer Jesus von Nazareth wirklich gewesen ist. Doch das ist heute kaum noch wichtig, weder für uns noch für die Bauern von Solentiname, die sich zu ihm bekennen.

Und welches ist sein Name, den sie und vielleicht auch wir heute zu bekennen haben? Welche Bedeutung hat Jesus von Nazareth für die Campesinos in Lateinamerika?

Wer ist Jesus? Die Antwort der Christenheit ist von Anfang an nicht einheitlich gewesen. Wer ist Jesus? Die Antwort muß jeder selber geben. Doch welcher Titel bietet sich an? Das Neue Testament kennt viele Titel. Einen herausgreifen — zum Beispiel Gottes Sohn — würde die Sache sehr vereinfachen. Doch ist das legitim, bedeutet das nicht eine Vernachlässigung aller anderen Aussagen über Jesus von Nazareth? Die erste Christenheit hat es sich jedenfalls nicht so leicht gemacht. Sie hat sich stets von neuem um diese Frage bemüht; wer ist Jesus? Sie hat immer wieder nach neuen Titeln gesucht, von denen sie meinte, daß sie ihren Glauben angemessen zum Ausdruck bringen. Dieser Glaubensprozeß war lebendig bis über die Zeit des Neuen Testamentes hinaus. Erst einer studierten Theologengeneration des 3. Jahrhunderts war es vorbehalten, den lebendigen Glauben abzutöten, indem man ihn in dogmatische Formeln eines festformulierten Glaubensbekenntnisses preßte, das seitdem viele Generationen meist gedankenlos nachplappern. Das nun herhalten muß als Maßstab für Rechtgläubigkeit und Ketzerei. Seitdem kann man uns zum Beispiel fragen: Glaubst du an die Gottessohnschaft und an die Jungfrauengeburt? Wenn ja, dann bist du rechtgläubig und mein Bruder, falls nein, verflucht seist du. Die Intoleranz hielt Einzug in die Kirche, sobald man anfing, die Glaubensbekenntnisse der Urchristenheit, wie wir sie im Neuen Testament vorfinden, für absolute und unfehlbare Wahrheiten zu halten. Es bildete sich sofort eine Schar von Sachverständigen, die diese Wahrheiten erklären und auslegen.

Dabei sollte uns gerade das Neue Testament mit all seinen verschiedenen Ansichten und Lehren und Christologien dieses eine ganz deutlich erkennen lassen: Nicht einmal die Jünger und Zeitgenossen Jesu wurden mit dieser Person fertig. Immer wieder fragten sie von neuem: Wer ist dieser Jesus eigentlich? Jede Generation versuchte es anders auszudrücken, mit anderen Titeln zu bekennen, was Jesus ihnen bedeutete. So ist es durchaus kein Zeichen von Unsicherheit, wenn die Gemeinde Jesus folgende Hoheitstitel beimaß: 1. Der Prophet; 2. Hoher Priester; 3. Mittler; 4. Knecht Gottes; 5. Lamm Gottes; 6. Messias; 7. Davidsohn; 8. Menschensohn; 9. Richter; 10. Heiliger Gott; 11. Der Herr; 12. Heiland; 13. König; 14. Wort Gottes; 15. Gottes Sohn; 16. Gott.

Diese Fülle von Würdetiteln drückt alles andere als Zweifel oder Unsicherheit aus. Im Gegenteil, sie sind ein Zeichen dafür, wie reich und lebendig, wie tolerant der Glaube sein kann. Nie kam der Glaube zur Ruhe. Nie ließ er sich gefangennehmen in ein für allemal gültige Formeln einer rechtgläubigen Dogmatik.

Wie sich in der ersten Christenheit keine Generation mit der alten Antwort der vorherigen begnügte, sondern sich stets von neuem auf die Suche nach neuen Antworten machte, so tun es auch die Campesinos von Solentiname, die zum besseren Verstehen sich um angemessene Ausdrucksmittel für ihren Glauben an Jesus Christus bemühen. Wer die Evangelienbilder aus Solentiname betrachtet, spürt etwas von diesem echten, lebendigen, unruhigen, gärenden, *überschäumenden Glauben an die Wirksamkeit Jesu in Lateinamerika. Von diesem Evangelium gehen Wirkungen aus.*

Vielleicht hat gerade deshalb Jesus keinerlei Titel beansprucht, damit er uns immer neu begegnen kann, damit er so unter uns lebendig bleiben kann und nicht in Buchstaben erstarrt; damit er frei bleibt und nicht in die Macht von Spezialisten gerät, die diese Buchstaben uns stets von neuem vorbuchstabieren. So, ohne Titel, kann er uns begegnen, wie er wirklich ist. Aus dieser lebendigen Begegnung wird er dann vielleicht auch von uns einen neuen Würdetitel erhalten, je nachdem, wie es der Glaube uns aussprechen läßt.

Man mag fragen, ist das nicht eine sehr gefährliche Angelegenheit, wenn jeder aus Jesus machen kann, was er will? Diese Gefahr besteht sicher. Man bedenke jedoch, daß es sich dabei nicht nur um Gedankenspielerei handelt, sondern um ein persönliches Bekenntnis, das mich ganz verpflichtet mit meinem Denken und meinem Tun. Zum anderen ist Jesus ja nicht irgendeine Persönlichkeit der Vergangenheit, sondern einer, der noch heute in mein Leben hineinwirkt. Echter Glaube ist das Bekenntnis von dem, was dieser Jesus an mir und für mich getan hat und noch tut. Es geht also gar nicht um unsere Gedanken über Jesus, die über Spekulationen kaum hinauskommen. Auch diese Bilder aus Solentiname berichten nicht aus der Vergangenheit, sondern sind ganz Gegenwart. Maria hinter der Nähmaschine, die Coca-Cola-Flaschen auf dem Tisch des Herodes, die Schnellfeuergewehre in den Händen der Nationalgarde, das sind keine Anachronismen, sondern Gegenwartsbezeugung des lebendigen Jesus Christus. Ganz offensichtlich will man in Solentiname nicht dogmatisch richtig von Jesus reden, nicht so, wie bestimmte Fachleute der Kirche es vorschreiben; vielmehr wollen die Bauern bezeugen, was sich in ihrem Leben ereignet hat in der Nachfolge dieses Jesus von Nazareth.

Die Bilder dieses Buches sind Glaubensbekenntnisse zu Jesus heute, in Mittelamerika. Sie sind Proklamation seiner Herrschaft unter den Armen, wie sie in der „Misa Campesina“, der nicaraguanischen Bauernmesse, besungen wird

Die Maler der Bilder

Bücher zum Thema

Ernesto Cardenal
Das Evangelium der Bauern von Solentiname
Gesamtausgabe, 680 Seiten, Peter Hammer Verlag

Ernesto Cardenal
Heimweh nach der Zukunft
Bilder und gute Nachrichten aus Solentiname
Mit zahlreichen Fotos und farbigen Abbildungen der Bauern, 72 Seiten, Peter Hammer Verlag

Ursula Schulz / Conrad Contzen
Dein Friede sei mein Friede
Geschichten von der Veränderung in Solentiname
Mit zahlreichen farbigen Fotos, 84 Seiten, Jugenddienst-Verlag / Gütersloher Verlagshaus

Ernesto Cardenal
Unser Land mit den Menschen die wir lieben
Gedichte und Bilder aus dem Neuen Nicaragua,
64 Seiten, Peter Hammer Verlag